엄마의 내음새

엄마의 내음새

초판 1쇄 인쇄 2022년 4월 25일
초판 1쇄 발행 2022년 4월 30일

지은이 엄태양
펴낸이 金泰奉
펴낸곳 한솜미디어
등 록 제5-213호

편 집 김태일, 김수정
마케팅 김명준

주 소 (우 05044) 서울시 광진구 아차산로 413(구의동 243-22)
전 화 (02)454-0492(代), 454-0542
팩 스 (02)454-0493
이메일 hansom@hansom.co.kr
홈페이지 www.hansomt.co.kr

ISBN 978-89-5959-556 3 (03810)
*값 8,000원

*잘못 만들어진 책은 구입하신 서점에서 친절하게 바꿔드립니다.

엄마의 내음새

엄태양 지음

한솜미디어

파이팅! 해서 50년을 달려왔다.

| 여는 글 |

  어릴 적 자신과의 약속이 오십 즈음 되었을 때 근사하진 않지만 살아오면서 겪었던 소소한 생활 속 느낌을 오롯이 담은 책을 만들어 세상에 저만의 향기를 피워보자는 의미로 책을 쓰는 것이었습니다.
  많은 세월을 살진 않았지만 언제나 매어 있는 감정은 없다는 것을 배웠습니다. 모든 것은 흘러가고 잊힙니다.
  모든 세월 속, 희생이라는 숭고한 사랑으로 녹아 있는 엄마의 내음새를 찾아서 그분들의 사랑을 영원히 기억하고 싶습니다.

| 차례 |

여는 글/ 5

제1부/ 인간이기에 미안하다

01. 엄마의 맨발/ 11

02. 아버지와 자전거/ 14

03. 멋있게 맛있게/ 17

04. 인간이기에 미안하다/ 21

05. 막걸리/ 24

06. 엄마의 베개/ 27

07. 야생 친구들/ 28

08. 기도/ 31

09. 고목/ 32

10. 여행/ 33

제2부/ 봄비가 시켰어요

11. 장마/ 37

12. 고추장/ 40

13. 교만한 응정/ 42

●●●엄마의 내음새

14. 봄비가 시켰어요/ 43

15. 마당 있는 집/ 45

16. 자취방/ 49

17. 뭉게구름/ 52

18. 혼자/ 54

19. 인연 휴식제/ 55

제3부/ 허공을 향해

20. 잠이 오지 않는 밤에/ 61

21. 정체성/ 62

22. 엄마 등/ 63

23. 서울살이·1/ 65

24. 아카시아 꽃/ 69

25. 허공을 향해/ 71

26. 오일 장날/ 73

27. 쌀 씻는 소리/ 76

28. 왜 모르시나/ 78

29. 듣는 것 보는 것이 공해/ 80

30. 인생/ 82

제4부/ 서울살이

31. 슬픈 무릉도원/ 85

32. 잠그는 세상/ 86

33. 꽃/ 89

34. 소쩍새의 노래/ 90

35. 서울살이·2/ 91

36. 전화번호/ 96

제1부

인간이기에 미안하다

엄마의 맨발

우리 집은 시골이었다.

가족은 형제가 자그마치 칠남매에 외할머니, 아버지, 엄마 모두 열 명인 대식구다. 그래서 그런지 부모님은 가난이라는 비좁은 틈바구니에서 늘 힘들어하시고 자주 다투셨다.

부모님은 언제나 최선을 다하셨다. 동이 트는 아침부터 달이 뜨는 저녁까지 논이며 밭이며 가리지 않고 부지런을 떠셨지만 많은 자식 탓에 돌아오는 것은 언제나 고달픈 나날이었다. 난 형제 중 여섯째로 남자로는 막내다. 그러다 보니 형과 누나들의 옷이며 신발은 당연히 대물림이었다. 친구들은 새 옷, 새 신발 등 모든 게 새것이었는데 우리 형제들은 항상 대물림한 소품 신세였다.

운동화가 닳아서 해질 무렵, 엄마를 따라다니며 새 신발 사달라고 노래를 부를 때였다. 그날도 학교에 다녀와서 책가방을 벗어두고 쪄서 빨랫줄에 걸어둔 꽁보리밥을 한 그릇 떠서 고추장에 쓱쓱 비벼 먹고 버릇처럼 엄마를 찾으러 고추

밭으로 갔다. 이맘때쯤 엄마는 항상 고추밭에서 고추를 따고 계셨다. 그럴 것이 시골에서 고추는 현금이 쏟아져 나오는 현금 지급기 같은 귀한 작물이었다. 그런 고추가 잘 여물도록 아버지는 밭고랑에 거름으로 직접 분뇨를 뿌려두셨다. 엄마, 하고 소리 지르며 달려가다가 행여 분뇨가 묻을까 봐 까치발에 다리까지 벌리며 코를 막고 주춤주춤 엄마 곁으로 갔다.

"엄마 또 똥 부은가 보재?"
"그래! 그렇다 아이가!"

엄마는 아무렇지 않다는 듯 고추 따기에만 집중하셨다. 그 순간 나는 깜작 놀랐다. 내가 더럽다고 피해 온 그 똥 길을 엄마는 맨발로 서서 묵묵히 고추를 따시는 게 아닌가. 어린 마음에도 너무 속상했지만 입 밖으로 나온 소리는 미안함보단 퉁명스러웠다.

"엄마! 신발이라도 좀 신고 따재… 발 안 더럽나?"
"더러운 게 어디 있노? 일이 쌔삐까리구마! 저리 가라카이!"

어린 내 심장은 엄마의 말에 턱하고 무너져 내려앉았다. 다 해지지도 않은 신발을 사달라고 나는 노래를 불렀는데 우리 엄마는 맨발로 저 더러운 똥 위를 걸으면서 우리 형제들을 위해 일하시는구나. 나는 더욱 퉁명스레 말했다.

"엄마! 신발 신고 하라카이 그라먼 병 걸린다 카드라!"
"뭐라 카노! 바쁜데!"

엄마는 그 말씀만 남기고 저 멀리 고추밭 고랑을 굽이쳐 고추를 따셨다.

어릴 적 내 기억 속 엄마는 항상 시골길 풀길을 리어카를 끌고 맨발로 다니셨다. 그날 저녁 일찍 주무시는 엄마의 발을 보았다. 엄마의 발은 가뭄이 심할 때 갈라진 논바닥처럼 뒤꿈치가 쩍쩍 갈라져 있었고 그 틈새로 피까지 비쳐 있었다. 아픈 이 발로 우릴 키우시는구나. 어느새 눈엔 눈물이 고였고 여러 날 새 운동화를 사달라고 따라다니던 철부지 내 모습에 그날 밤 얼마나 울었는지 모른다.

엄마의 맨발은 아직도 앞으로도 아픔이다. 그렇게 가난은 나를 빨리 어른이 되게 했다.

아버지와 자전거

　따르릉 따르릉, 저만치 뒤에서 다급한 자전거 종소리가 들려왔다. 희끗 희끗한 낯익은 차림을 한 사람이 속도를 내며 내게 다급히 달려오는 게 아닌가. 점점 다가올수록 그분이 아버지라는 것을 알 수 있었다.

　좀 전에 신작로까지 가려면 한참 걸어가야 하는데 그러면 버스 시간에 늦게 되어 놓친다고 투덜대고 집을 나선 게 언뜻 생각났다. 투덜투덜 비포장도로를 걸어 내려오며 고향이 왜 시골이냐는 원망 아닌 원망도 했고, 생활형편이 어려운 가정도 원망했다.

　그런데 농사일로 바쁘다던 그래서 논으로 밭으로 일거리가 산더미라던 아버지가 저기 뒤편에서 달려오고 계시지 않은가. 분명 일하러 가시는 걸 보고 내려왔는데 막내아들이 불평하며 가는 길목을 아시기라도 한 듯 자그마한 체구로 열심히 달려오신 것 같다.

　자전거가 내 앞에 서더니 "니 버스 시간 늦제? 빨리 타라."

누가 봐도 내가 아버지보단 체구도 힘도 좋아 보였기에, 아버지가 뒤로 타이소 했지만 극구 아버지는 당신이 앞에서 운전하겠다고 하신다. 이러다간 버스 시간 늦겠다 싶어 못 이긴 척하며 뒷자리에 올라탔다. 두 명을 태운 자전거는 비포장도로를 비틀비틀 가냘픈 몸짓으로 달리기 시작했다.

"꽉 잡아라 카이!"

속력이 날수록 나는 아버지의 등허리를 꼭 붙잡았다. 어렸을 적 기억 속의 아버지는 체구가 크지 않았지만 당당하고 멋있었다. 그런데 나이가 들어 뒤에서 안아본 아버지는 홀쭉해진 몸매에 굽기 시작한 등, 희끗희끗한 머리카락까지 순간 좀 전까지의 불평불만은 사그라졌다.

자식은 부모 등골을 빼먹고 산다는 옛 어르신들 말처럼, 나도 우리 부모님 젊음과 체력을 풍선의 바람처럼 쏙쏙 빼먹으며 살고 있구나 하는 생각에 눈물이 뒤로 가는 나무들 사이로 흩뿌려졌다. 자전거는 속력을 내어 늙어가는 아버지를 무기력화하고 신작로에 도착했다. 여느 경상도 촌부답게 뒤도 안 돌아보고 내려만 주시더니 다시 그 힘든 비포장도로를 달려가시는 게 아닌가. 아버지께 정말정말 고맙다는 말씀을 드리고 싶었다.

얼마 후 버스가 왔고 맨 뒷좌석에 앉았다. 삐걱거리는 창문을 열고 구불구불한 비포장도로를 달리시는 아버지를 본

순간, 말 못 할 먹먹함에 두 눈에서 하염없이 눈물이 흘러내렸다. 아버지는 밭으로 가시면서 험한 길을 내려오며 힘들어했을 자식의 원망하는 마음을 분명 잊지 못하셨을 것이다. 그래서 땀 흘리며 비포장도로를 달리고 운전까지 당신이 하신다고 앉으신 조그마한 자전거 안장 자리는 그 누구도 대신할 수 없는, 아버지만이 하실 수 있는 무한 책임과 사랑이었을 것이다.

시골 두엄더미엔 거름 꽃이 핀다. 조그마한 버섯 모양인데 거름이 잘 발효돼야 그 자리에서 활짝 피어난단다. 우리의 부모님들은 잘 발효된 두엄처럼 본인들의 모든 것을 밑거름 삼아 자식이라는 예쁜 꽃을 피우시는 게 아닌가 싶다.

저 멀리 따르릉 따르릉 자전거 종소리를 울리며 비틀비틀 달리시던 자그마한 체구의 아버지 모습이 오늘 따라 빌딩 숲 속에서 자꾸 그리워진다.

멋있게 맛있게

어렸을 때 친한 친구 여러 명이 있었다. 그중 한 친구는 키가 작지만 공부를 잘해서 멋있었고, 얼굴은 그저 그렇지만 마음 씀씀이가 예뻐서 멋있는 친구, 여럿이 잘 어울리진 못하지만 글씨를 잘 쓰는 멋있는 친구도 있었다.

우선 주변 지인들의 애서 찾으려는 멋짐은, 첫째 여러 가지는 아니지만 한 분야 한 가지만을 가져도 좋아 보이는 것들, 둘째 여러 가지로 돋보이며 살아가는 사람들의 좋아 보이는 것들, 셋째 우리가 생각하지 못하는 착시된 모습 속에 가려진 보이지 않는 모습이 완벽해 삶에 자신도 모르게 조금씩 투영되는 것들. 이러한 것들 중 좋은 모습을 찾아서 구성원이라는 집단 구속감의 편안함을 찾기 위한 자기만족일지도 모를 일이다.

굳이 이런 이익집단을 찾아가 맺게 되는, 약간은 불편한 인연보다는 가만히 있어도 내 인생 숨결을 듣고 삶의 기쁜 노래와 슬픈 노래를 함께 흥얼거리며 울고 웃을 수 있는 존

엄마의 내음새

재들이 진짜 벗들의 멋짐 폭발 아니겠는가.

　사람들은 어떻게든 좋아 보이는 모습 한 가지를 찾으려고 한다. 어떤 사람은 딱히 칭찬할 것을 찾지 못해 눈빛이 예쁘다고 말하고, 어떤 사람은 외모에서 찾지 못하자 향기가 좋다고 말한다는 이야기를 들은 적이 있다. 정말로 씁쓸하고 허망한 말들이다. 그 사람들이 자신만의 세상을 형성한 것은 한 가지 멋있는 부분이 좋은 것이라고 그래야 선택된다는 타인의 달콤한 유혹에 넘어가 자신이 가진 수많은 멋진 부분을 내가 아닌 남들의 잣대로 휘휘 저어버린 건 아닐까?

　멋있게 산다는 건 숨겨져 있는 부분 부분을 최대한 이끌어내 부족하지만 아름답게 만드는 것이 아닌가 싶다.

　얼마 전 시골집에 갔다가 여러 가지 음식재료를 챙겨왔다. 음식에 좋지 않은 이상한 것들을 잔뜩 집어넣고 유기농이니 웰빙이니 하며, 이것저것 먹고 이런저런 병이 나았네 하는 먹거리 홍수 속에서 나 한 입만이라도 좋은 음식 깨끗한 재료를 갖고 살고자 도전해 본다.

　어렸을 때 된장을 담그는 날이면 아침부터 분주하게 움직였다. 하루 전 녹여둔 소금물 거르기, 말려둔 메주 손질하기, 항아리 소독하기, 숯·대추·깨 준비하기 등등.

　재주 없는 손끝이지만 직접 된장을 담가보리라 처음으로 항아리 앞에 섰다. 메이크업을 하는 사람으로 처음 연예인을 봤을 때의 설렘보다 메주를 들고 된장을 담그려는 이 순간이 더 가슴 벅차다. 배 불룩한 항아리 큰 입속에 메주 넣고 소금물 넣어 긴장감 있고 정성스럽게 앞으로 다가올 새로운 나만의 맛을 위하여 세세한 손길을 놀리고 있다. 남들에게 대충한다는 오해의 소지를 줄 수도 있을 것이다. 큰 움직임으로 단락을 나누려고 하면 사건은 몇 안 된다. 하지만 큰 단락을 구성하기 위해선 수많은 작은 움직임이 모여야 한다.

 소금을 예로 들면, 삼사 년 전에 미리 좋은 천일염을 구입해 그늘지고 비가 들지 않는 약간 비스듬한 곳에서 간수를 빼야 한다. 안 그러면 된장이 써서 맛이 없어진단다. 소금물 하나 만드는 데 수년의 세월이 걸리고 이런 섬세하고 맛깔스런 작업의 단락이 몇 안 돼 보이지만 숨어 있는 노력을 빛나게 한다.

 어느덧 쫙 벌린 항아리 입까지 메주가 살포시 자리를 잡고 검은 숯이랑 대추가 발그레하게 볼을 붉히고 있다. 마지막으로 주근깨처럼 작은 참깨가 미소를 보내며 떠다닌다. 메주를 넣고 구수한 생각, 소금물을 넣고 짠 생각, 대추를 넣고 단 생각, 숯을 넣고 정갈한 생각, 참깨 넣고 고소한 생각을 하고 나니 지금은 제각각이지만 몇 년 뒤에는 깊고 진한 새로운 맛으로 어우러진다는 상상여행을 한다는 자체가 맛있게 사는 것이리라.

멋있게 맛있게 산다는 건 뭐랄까, 친구처럼 된장처럼 혼자선 조금 심심하지만 어우러지면 상상도 못 할 새로운 맛으로 탄생하는 것이 아닐까 싶다.

멋있게 맛있게 살기 위해선 주변과 소통하고 어우러져 사는 게 최고인 것 같다.

인간이기에 미안하다

거의 매일 아침 운동을 하러 나간다.

아침 햇살의 포근함과 싱그러운 풀잎의 향기를 맡으며 산길을 오르다 보면 세상 속 찌든 때들을 모두 다 자연 속에 내려놓을 수 있어서 정말 행복하다.

오늘 아침도 운동을 나가려는데 우리 집 귀염둥이 강아지 봉순이가 해맑은 눈동자로 호소력 짙게 레이저를 쏘아대며 서 있다. 그 광선을 맞으면 도저히 외면할 수 없어 둘만의 산책 시간을 가진다. 얼마 전까지 매일 순아랑 산책을 했는데 강아지를 사랑하는 사람이 많은 반면 싫어하는 사람도 만만치 않다는 것을 엘리베이터를 타면서 알게 되었다.

"어머 어머, 강아지 무서워…"

엘리베이터에 탄 봉순이는 가만히 벽만을 보고 있는데 엄청난 호들갑의 리액션을 한다. 그러면 나는 '그러는 본인이 더 무섭거든요'라고 속으로 생각하며 씩 웃는다. 하 하 하.

순아를 데리고 엘리베이터에 사람이 없는 것을 확인하고

엄마의 내음새 21

얼른 타고 쏜살같이 내린 뒤 산으로 내달렸다. 산으로 오르는 길에 무슨 존재 확인이 그리 필요한지 봉순이는 연신 까만 고무캡 같은 코를 벌름이며 여기저기 냄새를 맡더니 자기도 민망했는지 가끔 나를 보며 동그란 눈동자로 살인 미소를 날려준다.

어느덧 산 중턱을 돌아 올라가려는데 여기저기 어린 소나무 여러 그루가 가지와 몸통이 꺾인 채 엎어져 있었다. 마치 전쟁터에서 살아남은 패잔병의 모습처럼 나를 원망하며 바라보고 있는 것이 아닌가?

분명 어제 아침까지 멀쩡한 친구들이었다. 그런데 하룻밤 사이에 저런 슬픈 모습이 되었다고 생각하니 자아비판 석에 올라선 듯 나무와 식물 친구들 속에서 인간인 내가 너무나도 초라하고 작게 느껴졌다. 그 순간 나도 모르게 쓰러진 나뭇가지를 만지며 "그래 미안하구나. 사람들이 너희에게 너무 몹쓸 짓을 한 것 같다. 나 또한 인간이기에 미안하구나" 하고 신들린 듯 중얼중얼 사과를 했다.

모든 만물이 아침 햇살과 이슬을 머금고 충만함으로 노래 부를 때 저 친구들은 아픔과 고통 속에서 인간을 원망하고 있었을 것이다. 마음이 너무 복잡해진다.

산책하는 것이 인간의 사치로 느껴져 순아를 데리고 내려오는 길에 트럭의 선명한 바퀴자국을 발견하였다. 운전

자가 조심하며 후진했다면 저런 참사는 없었을 텐데… 세상의 모든 것이 사람 중심으로 돌아간다고 생각하는 어리석은 사람들.

   자연이 파괴된다면 인간은 어떻게 될지 알고나 있는지… 좁은 산길을 내려오면서 나 자신은 인간으로서 인간답게 살아가고 있는지 머리가 무거웠다. 우리도 자연의 일부인데 말이다.

 막걸리

  6월이면 시골은 강아지 손이라도 빌려야 할 정도로 본격적으로 바빠진다. 들에는 고추가 본격적으로 열리기 시작하고 논에서는 모내기한 벼들이 뿌리를 내리고 자라기 시작한다. 바지런한 부모님은 해가 뜨기 전에 밭으로 논으로 일거리를 찾아서 분주하시다.

  당시 벼농사를 하던 농가에서는 모내기나 추수 등 큰일을 치르거나 집안에 잔치가 있을 때 귀한 쌀로 한 말씩 막걸리를 담갔다. 요즘처럼 하얀 쌀밥이 흔한 세월이 아닌지라 술도 귀했는데 막걸리는 서민의 음료수이자 고단하고 퍽퍽한 삶을 위로해 주는 친구 같은 존재였다.

  막걸리를 빚는 날, 엄마는 아침부터 바쁘셨다. 귀한 쌀을 하얀 쌀뜨물이 나오지 않게 여러 번 씻어서 큰 양동이에 담가 놓은 뒤 술 항아리는 뜨거운 물을 끓여 소독하고 뒤집어 놓는다. 몇 시간 불린 쌀은 채반에 건져 물기를 빼고 나무를 열십자로 깔아놓은 시루 위에 솔잎을 깔아놓고 면포를 덮어서 고두밥을 쪄낼 준비를 한다. 아궁이에 한 시간쯤 불을 지피는데 처음엔 센 불로 지피다 나중엔 재가 된 나무의 연기로 뜸을 들인다. 엄마는 불을 지피며 항상 노래를 흥얼흥얼 부르셨다. 그러면 나는 아기 새가 엄마 새를 따라 지저귀듯 뜻도 모르고 감정도 모르는 구슬픈 멜로디를 따라 입만 방긋방긋하였다.

엄마의 구슬픈 인생 노래 따라 고두밥이 익어 가면 내 마음은 환희에 찬 행진곡이 온몸 구석구석을 타고 흘렀다. 구수한 밥 익는 냄새는 곧 다가올 시식의 기쁨이 되어 어린 내 심장을 두근두근 방망이질해 댔다. 엄마의 노래가 끝나면 심장은 더욱 방망이질을 치고 큰 무쇠솥 뚜껑이 열리는 순간, 하얀 김이 화산처럼 폭발하면 어린 내 마음도 같이 터졌다.

아~아~ 하얗게 꼬들꼬들 잘 쪄진 고두밥을 큰 광주리에 넓게 펴 식히기 시작하면 그때부턴 엄마의 눈치를 보면서 고양이가 생선가게 드나들 듯 부엌 문턱을 살금살금 드나들었다. 들어오면서 한 줌 나가면서 한 줌, 그 뜨거운 고두밥을 엄마 몰래 얼른 쥐고 달아났다. 엄마는 그 사실을 다 알면서도 몇 번은 모르는 척 봐주는데 그다음부터는 부지깽이로 으름장을 놓으셨다. 술 양이 준다고 그만 먹으라고 하지만 당신은 아셨다. 변변치 못한 가난한 가정이라 쌀밥 한 번 실컷

엄마의 내음새 25

못해 주는 미안함을 부지깽이라는 매개체로 으름장을 놓으며 경고 아닌 미안함을 표현하셨다.

고두밥이 다 식으면 누룩을 버무려 물과 함께 항아리 뱃속에 집어넣고 겨울엔 아랫목에 이불을 덮어놓고 여름엔 방 안에 두었다. 며칠 지나면 시큼한 냄새와 함께 뽀글뽀글 가스를 뿜어낸다. 소리도 신기했지만 독특한 시큼한 냄새에 이끌려 덮어둔 항아리 속에 코를 박고 무아지경에 빠진 적도 있었다. 어린 날의 이 행동이 지금의 술 좋아라 하는 시초가 되었으리라. 그런 모습을 엄마한테 들키면 딸기코 된다고 엄청 혼이 나기도 했다.

술이 발효가 잘되어 상 위에 오르는 날이면 이웃집 아저씨 아줌마들의 웃음소리가 시골집 굴뚝을 타고 하늘로 메아리쳤다. 이처럼 막걸리는 항아리에 담그는 날부터 잔 속에 담기는 순간까지 서민들에겐 담백하고 아련한 엄마 모유 같은 음식이다. 막걸리는 그냥 막 걸러서 혼자 마시는 게 아니라 이웃과 걸리는 일들을 막 풀며 사이좋게 마시라는 조상님들의 순박한 재치일 것이다.

엄마의 베개

어렸을 때 손이 닿아서
머리에 벤 엄마의 베개는
젖비린내 가득한 청춘이었고

소년이 됐을 때 팔을 뻗어서
머리에 벤 엄마의 베개는
흙냄새로 얼룩진 중년이었고

어른이 됐을 때
머리에 벤 엄마의 베개는
눈물에 절은 소금 냄새 노인이었다.

우리들의 엄마는 베개 하나

당신을 위해 갖지 못했다.

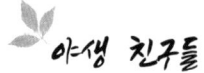
야생 친구들

창밖으로 흰 눈이 나폴 나폴 날리고 있습니다. 그 모습이 신비로워 한참을 넋 놓고 바라보니 문득 두 가지 생각이 교차합니다. 생각 하나는 내가 키우고 있는 베란다 안의 화분 속 식물 친구들이 조금 열린 창틈으로 들어오는 바람에 줄기를 하늘하늘 날리며 추위에 떨고 있는 것.

생각 둘은 이런 날 베란다 밖 눈 속의 야생 친구들은 어떻게 하고 있을지 궁금하다는 것입니다. 원래 호기심이 많은 터라 생각이 사라지기 전에 확인하고 싶었습니다. 두꺼운 겨울 스웨터를 걸치고 목도리를 두르고 눈이 내리는 뚝방길로 걸어갔습니다.

한참 이어진 뚝방길은 뽀얀 쌀가루를 틀 속에 넣어서 위를 매끈하게 깎은 듯한, 아무도 가지 않은 얌전한 백설기 같은 길이었습니다. 그 길을 걸어가기 미안해서 저 역시 조심스레 사그락 사그락 발자국을 그려 놓았습니다.

나이가 한 살씩 더해지면 생각은 하나씩 지워지나 봅니다.

그림 같은 풍경에 취해서 잠시 몽롱한 상태가 되어 내가 왜 이 길을 걷고 있는지 잠시 기억을 내려놓았나 봅니다. 나이는 못 속인다더니 야생 친구들 찾으러 와서 혼자 똥 폼 잡는 영화 한 편 찍었습니다.

지난 계절 꽃으로 잎으로 열매로 나에게 즐거움을 주었던 이름 모를 친구들 생각이 그제야 났습니다. 집 안에서 키우는 식물 친구들은 조그마한 바람에도 몸을 떠는데 이 뚝방길의 야생 친구들은 어디에 숨어 있을까? 혹시 좀 전 영화 한 편 찍으며 밟아서 죽이지 않았을까? 하는 생각에 가슴 한 자락이 겨울 칼바람을 맞은 듯 싸하게 아려옵니다. 걸음을 멈추고 그 자리에 주저앉아 눈 속을 헤집어봅니다.

초록색이 검정색으로 변해 버린 꽁꽁 얼어붙은 야생 친구. 겨울이 왔건만 끝까지 시간의 흐름을 거슬러 수분을 간직해 얼어 굳어버린 한 줄기의 가엾은 떨림. 다시 한 번 코끝이 시큰해집니다. 사람들은 사계절의 순환을 의례적으로 치르는 감기 정도의 가벼운 몸살이라고 생각할 수도 있습니다. 하지만 지금 내 신발 끝에 닿아 있는 야생 친구는 자기의 모든 것을 다 버리는 고통을 감수해야만 사계절을 맞을 수 있지 않을까요?

사람들은 나를 포함해 동·식물이 말 못 한다고 마음대로 꺾거나 죽이거나 멸종시킵니다. 마치 온 세상의 피조물이 자기중심으로 향해 있다는 어리석은 인간들의 뒤틀린 생각이 우리를 지배하고 있는 것은 아닌지 모르겠습니다.

찬바람이 쌩하니 하얀 눈가루를 한 움큼 쥐더니 멍한 얼굴에 휙 뿌리고 지나갑니다. 너도 똑같은 인간이라고.

지금쯤 야생 친구들은 어둡고 추운 땅속에서 지나간 한 해의 예쁜 추억을 생각하며 다가올 또 다른 봄날의 햇빛 속에 못다 풀었던 꿈 보자기를 펼칠 준비를 하고 있을 것입니다.

"애들아, 부디 올봄엔 건강한 잎사귀와 몸으로 자그마한 꽃 한 송이를 피워주렴. 우리가 너희에게 '미안해'라고 말할 수 있게 이젠 눈이 그만 왔으면 좋겠다. 야생 친구들을 위하여…."

 기도

　가을바람 님이 이끄시는 대로 계절의 한복판을 가로질러 마침내 내려놓으신 풍수원 성당. 종교를 떠나서 사람들 살아가는 방향은 비슷함을 성당 내 고즈넉한 기운이 말해 준다.
　절정을 향한 가을 햇살은 모든 걸 쏟아내 수확의 뒤틀린 몸짓을 거두려는데 느슨한 내 일상을 비웃기라도 하듯 저만치서 잘 익은 대추 한 알을 떨어뜨려 주신다. 살아 있음은 헛기침 나는 갑작스러움은 아닌 것을….
　범사에 감사하자!…

고목

내 마음이 무거운 것은 누구의 탓일까요.

사람들은 나이가 들수록 더 가지려고 더 높아지려고 더 사랑… 더 더 더 난리들인데 그런 것들이 나를 꽁꽁 싸매는 끈이 되는 줄도 모르고, 세상이 주는 화려한 훈장인 양 착각 속에 나 스스로 더 동여매려고 애쓰고 있네요.

사람들은 제각각의 모습으로 부러져라 터져라 채우려고만 하고 있는데 저 부러진 600년 고목은 자신의 속을 하나 남김없이 파내어 독야청청도 독이 될까 저렇게 쓰러져 있네요. 아무런 생각이 없어지네요.

여행

    바라다 보이는 저 나무들은 겨우내 모든 것들을 버렸다. 익숙하다는 이유 하나로 짙어지고 가는 우리네 인간과는 다르게 다가올 이 봄에 새로운 이들을 맞이할 경이로움에 놓아 버릴 줄 아는 슬픔의 지혜를 눈물 삼키며 달게 저들은 마셨으리라.

    의성 집 부모님 곁에서 하룻밤을 잤다. 세월을 입고 앙상한 겨울나무가 되신 두 분.

    돌아누우신 뒷모습에 당신들도 나무와 같다는 것을 이제야 조금 알 것 같다. 눈물이 핑 돌고 두 눈에 썬 꺼풀이 벗겨지는 것 같았다.

    여전히 내 마음은 철부지 아이인데 세월의 숫자는 이렇게 사람의 마음을 아프게 하나 보다. 밤새 마음속 눈물 한 봉지를 쏟아내고 그 봉지 속에 새로운 예쁜 봄 같은 여행을 담아 간다.

제2부

봄비가 시켰어요

장마

 멀리 보이는 앞산 위에 뿌연 안개가 사뿐히 하얀 모시천을 드리우면 어김없이 바라는 반가운 친구를 데리고 왔다. 오뉴월 가뭄에 목말라 쩍쩍 갈라진 논바닥과 시들어 오그라져 가던 작은 이파리들을 매단 작은 식물들 모두 환희에 터져 나오는 장마를 위한 팡파르를 합주한다.
 비를 기다린 모든 생명은 모시천의 날갯짓에 맞추어 이리저리 여러 형태의 몸짓으로 장마를 맞이한다. 비가 하루 이틀 계속 내리면 모든 식물의 색감은 초록에서 짙은 초록으로 변하고, 울타리 담 밑에 뻗어 나가 호박잎사귀 사이로 피어난 호박꽃은 동전만 한 호박 열매를 크게 영글어간다.
 장마가 계속되면 엄마는 다 찌그러진 우산을 들고 (그나마 우산살의 상태가 괜찮은 우산은 학교 가는 우리들 몫이었다) 추적추적 잡풀이 많이 난 밭길을 따라서 바구니 하나 들고 자연이 아낌없이 주는 마트로 향한다. 밭 가장자리에 심어둔 부추를 한 움큼 그리고 그에 나란히 줄 맞춰 보라색 열매를 흔들고 있는 가지를 담고 총총 발걸음을 움직여 고추밭에서 청홍고추를 바구니 한가득 따가지고 집으로 오신다. 찌그러진 우산 벌어진 틈으로 빗방울이 송송 내려서 땀과 빗방울이 뒤범벅된 엄마는 비도 아랑곳없이 시계추처럼 마당을 왔다 갔다 하신다.

밭에서 따온 모든 야채를 분주히 마무리 준비하고 항상 마지막은 거름 둑 한구석에 정글처럼 우거진 호박잎 속에 잘 영근 비취 같은 호박을 한 덩어리 따오시는 거다. 큰 양푼에 청양고추를 다져놓고 부추는 길이로 썰어놓은 뒤 호박은 채쳐서 밀가루에다 휘휘 버무려 소금을 친다. 그리곤 조그마한 솥뚜껑을 뒤집어 돌 위에 걸치고 콩기름을 두른다. 물론 불은 마른 나뭇가지를 지펴 놓은 알불을 사용한다. 알불이 알맞게 온도를 높여주면 가운데 몰린 콩기름을 무를 깎아 만든 기름 젓기로 확 펴주고 양푼 속의 반죽을 손으로 퍼 담아서 손바닥으로 꾹꾹 누르신다.

어렸을 때 옆에서 지켜본 엄마는 거칠고 커진 손으로 뜨거운 거 차가운 거 더러운 거 무서운 거 등등을 잘도 만졌다.

"엄마 안 뜨겁나?"
"괘안타아."

신기하기도 했지만 슬프기도 했다. 많은 식구들 빨리 먹이려고 국자, 뒤집개 등 도구가 주는 편리함을 버린 엄마의 애타는 부침개 사랑은 그렇게 아픔을 잊은 것 같다.

고소한 냄새가 하얀 알불 연기를 타고 비 오는 슬레이트 지붕으로 날아가면 방 안으로 흩어져 있던 식구들과 옆집 말 많은 이웃들을 부침개 옆으로 모이게 했다. 조잘조잘 시끄러웠던 입들은 부지런한 손놀림으로 부침개로 채워지고 솥뚜껑은 큰 양푼의 반죽으로 채워졌다.

장마 속 비가 참 예쁘게 내린다. 오늘부터 본격 장마라고 한다. 그 옛날 찌그러진 우산 벌어진 틈 속의 엄마 나이가 되었지만 나는 지금 밭으로 향하지 않는다. 바쁜 현대 일상과 회색 도시 빌딩 숲속에서 장마가 오든 비가 내리든 스마트폰을 들여다보며 약속 장소로 간다.

비를 맞으며 자라 있을 호박 가지 고추 부추가 있는 어린 시절의 솥뚜껑 위의 찌짐을 잠깐 그리워하며 또다시 돌아가는 삭막한 오늘 도시. 엄마의 찌짐이 빠져버린 장마를 그리고 비를 생각해 본다.

 고추장

담가놓았던 고추장이 바닥을 보이고 있다. 이럴 땐 그냥 시골집에 가서 한 통 크게 담아오면 끝이다. 하지만 이젠 그렇게 전화할 곳도 담아올 곳도 없다. 엄마의 천국으로 여행 부재다.

불현듯 고추장이 돌아가신 엄마를 더욱더 절실히 떠오르게 한다. 어릴 적 부엌 좁은 아궁이 앞에서 엄마랑 단둘이 고추장 재료 하나하나를 쏟아붓고 휘젓고 나무 연기에 가끔은 울기도 웃기도 했던, 영원할 것 같던 그 순간도 단절돼 버린 지금 모든 기억이 아련한 슬픔으로 가슴 한구석을 후벼 파낸다.

엄마 생각하며 그 순간 그 맛을 더듬으며 찹쌀을 불려서 되직한 찰밥을 짓고 그 밥을 조청과 끓인 물에 갈아서 고춧가루, 청국장 가루를 넣고 소금으로 마지막 간하여 찹쌀고추장을 한 통 만들었다. 이웃들과 조그마한 음식도 항상 나눠드시는 것을 좋아하던 엄마 솜씨엔 턱없이 많이 부족하다.

부르면 부를수록 더 그리워지는 이름 엄마. 내가 담근 고추장처럼 아직은 내 인생이 풋내 나고 밍밍하지만 나이 들어 성숙해질수록 나도 엄마처럼 아무 욕심 없이 즐기고 사랑하며 주변 사람들 챙길게요. 당신을 추억하는 내 마음의 깊이는 붉은 고추장 빛깔처럼 기억 속 그리움 항아리에 눈물방울로 차곡차곡 담아놓았어요.

엄마가 너무너무 보고 싶고 그립네요. 사랑해요 영원히.

교만한 응정

내가 아플 때면 나의 빛나고
동그란 두 눈은 당신을 내게서
벗어날 수 없는 또렷한 굴레를 만들어줬고
나의 오뚝한 콧대는 당신을 향한
날카로운 칼날이 되어 원망을 안겨주었고
나의 앵두 같은 입술 속에 품은 혓바닥은
다시는 주워 담을 수 없는 도끼가 되어
지금 당신의 사랑을 한 켜 한 켜 찍어
내버렸구나 너를 잃고야
내가 아플 때면 그저 보기 좋게
스스로를 불태우는 먼지가 되었구나.

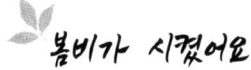
봄비가 시켰어요

겨우내 앉은 딱지
내 손으로 떼지 말라고
그걸 못 참고
봄비가 시켰어요.

님 상흔으로 곪은 내 마음
내 입으로 말하지 말라고
그걸 못 참고
봄비가 시켰어요.

지워지고 있는 그 모습
내 눈으로 보지도 말라고
그걸 못 참고
봄비가 시켰어요.

노는 건 얄미운
봄비가 시켰어요.

마당 있는 집

꽃샘추위의 막바지인 양 떠나가는 겨울 자락의 칼바람은 아파트 단지의 시멘트벽을 휘감고 따뜻한 두 볼에 차가운 입김을 쏟아붓는다. 이곳은 잘 짜 맞춘 공간들이 닭장처럼 한 칸 한 칸 긴 막대기 모습으로 하늘을 향해 재미없게 다닥다닥 붙어 있다.

내가 자란 시골집의 넓은 마당은 나의 유년 시절에 감성의 텃밭을 만들어주어 꿈도 심고 사랑도 심으며 자라도록 해주었다. 이맘때쯤이면 넓은 마당 한 귀퉁이에 겨우내 언 땅속에 숨어 있던 원추리가 소록소록 위로 올라오고, 잠들어 있던 잎사귀 큰 난초들이 차가운 꽃샘바람에 얼지 않으려고 수줍게 땅을 젖히고 아주 조금 싹을 틔웠다. 넓은 시골 마당의 아주 미비한 몸짓이 내게 주는 봄의 신호탄이었다.

며칠 봄 햇살이 힘을 받아 마당을 비추자 여기저기 잠들어 있던 돌담 밑의 국화 싹이며 수돗가에 심겨져 있던 노란색 꽃잎이 고급스럽던 삼잎 국화꽃 싹이 돌절구 옆에서 빼꼼히

노습을 드러냈다. 봄 햇살은 큰 요술피리를 가졌나 보다. 며칠만 보드라운 노래를 부르면 여기저기 숨겨져 있던 생명들이 마당을 덮고 있는 흙 품에서 살아나 춤추게 하니까 말이다. 그때쯤이면 친구가 별로 없던 나는 여기저기 탄성을 자아내며 신비롭고 때론 성스럽기까지 한 계절의 쳇바퀴 속에 봄을 찬양하며 다녔다.

푸르름이 점점 짙어가는 여름이 오면 마당은 또 다른 모습으로 내게 세상을 열어주었다. 노란색 보드라운 벨벳을 입은 민들레, 삼잎국화, 분홍색 들장미꽃, 하얀색 완두콩 꽃으로 조그마한 마당은 어느새 천국의 꽃밭이 되어서 세상의 모든 색을 가진 명화를 보여주었다. 또한 인심 좋은 마당은 마루에 턱 걸터앉아 먹을 수 있는 상추와 얼갈이배추, 쑥갓 등의 야채를 여름날 선물로 우리 가족에게 내어주곤 했다. 그렇게 여름 마당은 우리의 심장처럼 바쁘고 정확하게 그리고 묵묵히 가족들이 원하는 것으로 공간을 채워주었다.

시간은 흘러 또 한 바퀴의 쳇바퀴가 돌아가고 있다. 분주한 마당은 또 다른 준비를 한다. 여름 내내 푸르름으로 물들었던 친구들을 하나 둘 짝지우고 겨우내 살림살이를 대비토록 한다. 가을 마당은 우리 가족에게도 혹독한 겨우살이를 준비시켰다. 엄마는 마당 한 켠에 멍석을 펴고 가늘게 자른 무를 널어 무말랭이를 만들고 호박고지와 가지도 말리며 볕이 좋기만을 바라셨다.

그리고 어리고 맛 좋은 연한 고추를 따다가 밀가루를 입혀서 큰 가마솥에 한 김 쪄내 고추부각도 말렸다. 무는 뽑아 흙을 파서 묻어두고 그 위에서 한껏 여름의 태양을 향해 춤췄던 아름다운 격정의 무시래기는 처마 밑에 매달려 나폴나폴 춤추는 무희가 되었다.

엄마는 종교의 간절함 이상으로 볕이 좋기를 바라고 또 바라셨다. 가을 햇살이 무르익은 마당에서 오랜 세월 묵묵히 친구처럼 의지하고 있는 키 큰 감나무는 가을 마당 축제의 마지막 폭죽을 터트려 준다. 황금색 감에서 빨강색 홍시로 모든 것을 내어주던 가을 마당은 감들의 폭죽놀이를 뒤로한 채 쓸쓸한 축제를 마무리하며 흰 눈이 내리는 겨울 마당으로 마지막 쳇바퀴를 돌린다.

우리가 누렸던 겨울은 한없이 정적인 면이 강했다. 하지만 겨울 마당은 돌아오는 봄에 새로 태어날 생명들을 동적으로 품고 있었다.

눈이 많이 오면 봄 싹들이 썩을까, 건조하면 말라 죽을까 엄마의 마음으로 생명 탄생의 가장 중요한 순간을 기다리며 항상 기도하는 마음으로 마당은 우리에게 모든 것을 내주었다. 오늘도 겨울 마당은 흰 눈 속에서 다가올 봄 마당의 따스함을 기억하며 살아가고 있을 것이다. 그래선지 마당 있는 집이 부럽다.

 아파트단지에서 내려다보는 시멘트 블록 안의 작은 화단이 어른이 된 내가 가질 수밖에 없는 요즘 세상의 마당이라서 슬프다. 많은 일들이 일어났던 마당을 지금 사람들은 알까?

자취방

나의 고등학교 시절은 자취생활로 분주했다. 공부만 열심히 하면 되는 친구들과 달리 혼자 살림살이를 해가며 생활해야 했기 때문이다. 학교를 마치면 조그마한 재래시장을 거쳐서 만만한 밑반찬거리인 콩나물, 오뎅, 두부를 사서 불 꺼진 깜깜한 작디작은 방으로 향했다.

딸깍, 동그란 전구 갓의 스위치를 돌리면 쓸쓸한 방 안에 따스한 불빛이 공간의 허전함을 채워주고, 방구석 한자리를 차지한 뚜껑 없는 휴지통은 내게 무언의 수고로움의 인사를 건넸다.

딸깍 소리와 흩어지는 불빛 속에서 오후의 생활이 시작된다. 우선 연탄불의 화력을 확인하고 시골집에서 가져온 빛바랜 노란 양은 냄비에 쌀을 담아서 공동으로 사용하는 마당 한가운데 수돗가에서 쌀을 씻고 연탄불에 밥을 앉힌다. 그런 다음 꿈속에서도 따라다니는 오뎅 국을 준비한다. 고등학교 2학년이 얼마나 멋진 레시피를 가지고 있었을까? 대충 오뎅을 썰고 그것도 귀찮으면 그냥 통으로 넣은 뒤 끓으면 가위로 숭덩숭덩 썬다. 그다음엔 콩나물 넣고 뚜껑 덮고 살림살이 보물 1호인 휴대용 가스레인지에 올려서 폭폭폭 끓인다. 생활비 쪼개고 모아서 산, 도둑이 들어온다면 유일하게 훔쳐갈 대상이다. 애지중지하는 가스레인지 앞에서 국물이 넘칠까 가스가 터질까 뭐 마려운 강아지처럼 안절부절 쪼그려 앉는다.

처음 하는 자취라 제대로 갖춰져 있는 게 없었고 가정 형편도 넉넉하지 않아서 상황이 좋지 않았다. 대충 밥 끓여 먹을 아주 간단한 물건들을 방 윗목에 나열해 두었다. 부엌이 딸리지 않은 방 한 칸이라 따뜻한 아랫목은 침실이었고 냉기가 감도는 윗목은 가끔 얼음이 어는 냉장고 겸 부엌이 되었다. 행여나 친구가 놀러 올까 봐 이런 희한한 광경을 들킬까 봐 학교가 끝나면 애들보다 먼저 집으로 도망쳤다. 그래도 불만은 없었다. 가난한 집안 살림에 부모님이 마련해 주신 고마운 나의 아지트였다.

어느새 연탄불 위의 하얀 밥이 끓으면 연탄집게를 가로질러 양은 냄비를 올려서 뜸을 들이고 가스레인지 위의 오뎅국도 간장으로 간을 해서 내려놓는다. 모아둔 지난 달력을 한 장 꺼내 간이 식탁을 만들어 오뎅 국과 뜸 다 들인 밥 그리고 김치를 놓고 감사의 노래를 기도로 하며 맛있는 식사를 한다. 가끔씩은 밥 먹다가 집 생각이 나서 목구멍에 밥이 울컥 솟을 때가 있었지만 그것 또한 내 삶의 포기한 부분임을 빨리 깨닫고 체념해 버렸다. 밥을 먹고 설거지를 하면 윗목은 식기들로 채워지고 중간지점의 럭셔리하게 차려졌던 종이달력 식탁은 휴지통으로 버려진다. 그리고 엄마 체온 같은 전구 바로 밑에서 책을 펴고 공부를 했다.

  시간이 흐를수록 전구의 열기가 더해지면 벽에 뚫린 조그마한 창틈으로 겨울 댓바람이 자취방을 휑하니 비집고 들어왔다. 어린 소년의 고단한 하루 일과가 끝나면 또 한 번의 딸깍 소리와 함께 작은 자취방에서 미래의 큰 사람 꿈을 꾸었다. 그때는~

창문 너머 우뚝 선 산봉우리 꼭대기에 몽실몽실 뭉게구름이 손가락에 낀 도넛처럼 걸렸다 밀려간다. 어릴 적 시골 고향집 마당 평상에 누워서 하염없이 변하던 뭉게구름을 마흔이 된 이 나이에 다시 보게 되었다.

그동안 삶이 바쁘다는 이유로 아니 핑계 같지 않은 핑계로 고개 들어 여름 하늘 한번 여유롭게 보지 못했다. 그만큼 세상 속에 파묻혀 지냈던 것 같다. 어린 날 평상에 누워서 바라보던 흘러가는 뭉게구름 속에는 마흔 된 지금과는 다른 사람을 꿈꿨고 소망하던 빛나는 삶을 꿈꾸며 구름을 흘려보냈다.

문득 바라본 하늘 속의 뭉게구름은 다시금 피어오르는데 그 시절 대통령 과학자 세계적인 부자의 꿈을 담은 우리들의 뭉게구름은 어디로 갔을까? 한참을 뚫어지듯이 하늘을 봤다. 그냥 피식 헛웃음이 나왔다. 세상 물정 몰랐던 나이에 품을 수 있었던 모든 허망한 꿈들을, 이젠 가질 수 없다는 현실을 알아서였을까? 아니면 어른이 된 지금 다시금 가질 수 없게 된 소년의 무한한 뭉게구름 상상의 꿈 때문이었을까? 맑디맑은 파란 하늘에 솜사탕 터트린 것 같은 뭉게구름이 흘러간다. 언제 또다시 저 하늘의 뭉게구름을 보며 추억하게 될까?

  뭉게구름은 말없이 또 저렇게 흘러간다.

 혼자

혼자 있다 보면 둘의 소중함도 알지만
둘의 소중함보단 혼자 있음의 행복함이
크다는 것도 다시금 알게 되는 것이다.

혼자 있음에 감사해야 함은
둘이 있음에 귀한 감동보다도
보잘것없을지 모르지만 신경 쓰지 않아도 되는
작은 나만의 자유한 시간이어라.

인연 휴식제

 SNS에서 연락이 계속 닿는 사람들과는 한 줄 한 줄이 앞머리에서 유지되지만 조금이라도 관심을 뒤로하는 사람은 한 줄 두 줄 세 줄 맨 마지막 줄이 되어 결국 존재감마저 희미해져 버리는, 관심과 관리라는 노력이 더해지지 않으면 사람 마음에서 멀어지는 게 아닌, 기계장치에서 멀어지는 인연이 되는 무서운 세상이다. 사람들도 기계적으로 변해가는지 언제나 당연히 제 곁에 있을 것이라고 믿는 사람들은 SNS 기계장치처럼 무신경에 아무렇지 않게 방치해 둔다. 그러는 동안 믿고 있던 상대방 마음은 한 켠 두 켠 저 멀리 작별이라는 큰 아픔을 맞이하고 있는데, '당연'이라는 크나큰 거대한 망상에 사로잡혀서 고독한 텅 빈 마음 방에 혼자 처하게 된다.
 얼마 전 친한 후배에게 전화가 왔다. 나도 익히 알고 있는 지인과 사소한 말실수로 얼굴까지 안 보게 되었다는 것이다. 나 모르게 입안의 혀처럼 친하게 지내더니 사이가 틀어지고 나니깐 내가 생각났나 보다. 잘되면 내 탓이요 못 되면 남 탓이라는 말이 있는데, 둘이 죽고 못 살 땐 나란 존재는 문밖의 사람이었는데 연이 틀어지니깐 문안의 도움 줄 사람으로 보였나 보다. 물론 나란 존재가 어떻게 보이든 누군가에게 소중한 개체로 여겨진다는 건 참 의미 있고 뜻깊은 일이다. 하지만 나도 사람인지라 조금은 아니 솔직히 말해 아주 많이 서운했다. 그냥 저냥 아는 사이, 당연한 사이로 이런저런 인연들을 뜨개질하듯 엮으며 살 수도 있다. 그러나 그러면 내 마음이 너무 힘들고 비참해질 것 같았다.

나는 내가 아끼는 사람은 그 사람이 어떠한 행동을 해도 설사 그것이 실수라 해도 기다려주고 참아주었다. 그런데 이런 내 마음을 악용하는 사람들을 몇 번 겪고 나니 마음에 가르침이 있었다.

멋지고 푸르른 수풀림이 몰지각한 사람들의 행적으로 여기저기 밟히고 패이고 쓰러져 일그러졌다. 자연은 인간의 모든 것을 받아주고 내어주고 밟혀주는 존재라고 착각하는 사람들에게 병든 수풀림은 회복 불가능이라는 당연함으로 돌려주었다. 그래서 수풀림 휴식령제(안식령)를 도입해서 몇 년간 출입을 강제로 통제하여 피폐한 환경을 복원시키려 노력하고 있다.

사람들도 곁에 있는 사람들, 사랑하는 사람들에게 받는

스트레스를 떨치기 위해 인연 휴식령제를 실현해 볼 필요가 있다고 생각한다. 그래서 요즘 나는,

첫째, 먼저 연락하지 말기

예전에는 SNS를 접할 때 이성적인 사고보다 손가락이 먼저 습관적으로 움직여 별 의미를 부여 않고 아무 말이나 글을 쏟아냈다. 그 결과 상대방을 만나면 정작 아무 말도 못 하고 멍하니 있거나 입술만 달싹였다. SNS상에서는 그리도 애틋한 관계였는데 속마음을 표현하지 못하고 생각만 쌓일 뿐이다.

요즘 식당이나 카페, 어느 장소를 가더라도 손에서 휴대폰을 내려놓지 못하는 사람들을 많이 본다. 언젠가 연인 같은데 식사를 하면서도 계속 기계장치만 조몰락거리기에 혹시 커플 아니냐고 물어본 적이 있다. 연인이라고 한다. 커플이면 눈빛만 봐도 사랑스럽고 행복할 텐데 기계장치를 보며 그런 관계를 유지한다면 인연 휴식령제를 도입할 필요가 있다. 분명 서로의 소중함과 곁에 있어 줌에 대한 감사함을 느낄 것이다.

둘째, 연락 오면 표 나지 않게 대충 말하기

친구나 지인들이 본인 이야기를 계속한다면 내 감정선은 그대로 유지하면서 가벼운 구실을 찾아 길어지는 문자나 통화를 줄여 나간다. 휴대폰 기술이 발달하여 전화가 오면 거

절할 수 있는 이런저런 핑계 문구들이 다양하여 한 번 누름으로 자연스럽게 통화를 거절할 수 있게 되었다. 한 번 두 번 연결이 안 되면 '무슨 일 있나?' 하고 상대방이 생각할 수 있게끔 그러나 오해는 사지 않게 핑계 아닌 핑계를 잘 살려 나와 상대방 간의 연락 없는 휴식령 시간들을 늘려 나가야 한다.

셋째, 타인과 같이하는 추억 만들지 말기이다.

사람들은 내가 시간을 내어 만남이든 여행이든 놀이문화 등을 공유하면 그 추억으로 나를 자기 것인 양 옭아매려는 습성이 있다. 그렇다고 그런 사람을 당장 끊어내 성격 파탄자나 단절자가 되라는 것은 아니다. 앞에서 말했듯 세 번 할 것을 두 번 그리고 한 번으로 횟수를 줄여 나가면서 나의 시간을 갖자는 것이다. 당연하다고 생각하는 관계가 상대방을 얼마나 힘들고 지치게 하는지 본인은 모를 것이다. 상대방을 배려하는 마음을 좀 더 갖기 위해 휴식령제를 가져보는 것도 좋다고 생각한다.

나 자신을 사랑할 줄 아는 사람이 상대방도 사랑할 줄 안다는 흔한 표현처럼, 상대방을 좀 더 사랑하기 위해 부모든 연인이든 형제든 친구든 어떤 인간관계에서든 타인을 생각해 보는 휴식령제가 반드시 필요하다고 생각한다.

제3부

허공을 향해

잠이 오지 않는 밤에

낮 동안 많은 시간도 나 홀로 보내고
혼자 맞이한 이 밤 완전 외톨이가 되는 순간
꿈을 꾸면 많은 일들과 사람들의 흔적들은
어렸을 적엔 천연색 감성자국이라고 하지만
나이 든 지금은
그런 일들의 꿈에서도 혼자다

나만 그런 건지 아님 당신도 그런 건진 모르지만
어렸을 적엔 꿈에서 깨면 두려움에 울기도 했었지만
늙어가는 지금엔 그 울음보다 더한
고독이 나 몰래 깊이 사무친다
우린 모두 무채색 꿈에서조차 혼자다

빨간 꽃이 말했다. 내게
넌 빨강이 아니야
파란 꽃이 말했다. 내게
넌 파랑도 아니야
한없이 즐겁고 기쁠 때
난 그들에게 빨강이고 파랑이었다.
그러나 지금 난 보라색임을 알았다.

엄마 등

초등학교 다니기 전 난 종종 엄마 등에 업히곤 했다. 그냥도 업히고 아파서도 업히고 꾀병으로도 업혔다.

엄마 등에선 아이가 보지 못했던 눈높이의 세상도 볼 수 있었고 어른들이 하는 이야기도 자는 척하며 들을 수 있었다. 그런 이유로 엄마 등을 좋아라 한 건 아니지만 묘한 중독으로 어린 나를 자꾸만 엄마 등의 세계로 빠져들게 하였다.

한 번은 많이 아픈 적이 있었는데 그때도 어김없이 엄마 등을 탐닉하며 고목나무에 매달린 매미가 세찬 바람에 떨어지지 않으려는 듯 더더욱 찰싹 달라붙어 있었다. 엄마는 그런 나를 포대기로 업거나 양팔로 업은 채 당신 자식 답답해할까 봐 동네 마실 한 바퀴를 휭하니 구경시켜 주셨다. 마실 중에 이웃집 아줌마들이라도 만나면 이런저런 말씀을 조곤조곤하셨는데 행여 아픈 내가 스트레스라도 받을까 봐 그러신 것 같았다. 하지만 난 귀를 가만히 엄마 등에 대고 마치 새끼 돌고래가 어미 돌고래의 초음파를 듣고 따라가듯이 엄마 등 올림의 자극을 즐겼다. 처음엔 작은 북소리처럼 들렸던 자극이 점차 횟수가 거듭될수록 내 심장 박동이 큰북 소리가 되어 메아리로 내게 세상 기쁜 쾌락이 되어 돌아왔다. 그때부터 난 엄마 등에 업힐 수 있는 영원한 작은 아기가 되길 소망하였다.

노인이 된 엄마 등은 구부정해졌고 엄마 나이가 된 내 등은 튼실해졌다. 그런데도 회갑 잔치 때 한 번 업어드린 것 빼곤 지금껏 업어드린 적이 없다. 어른이 된 나는 쭈뼛함과 무뚝뚝함이 밴 갑옷을 입게 되어 선뜻 엄마한테 등 한번 내주지 않았다. 아니 업어드리고 싶어도 무엇이 그리 급하셨는지 엄마는 2년 전 천국으로 돌아가셨다.

어른이 돼서 튼실해진 등에 엄마를 업고 그때의 엄마처럼 마음속 울림을 들려드리고 싶어서 내 등은 울고 있다. 이제야 이런 감정을 사무치도록 느끼고 있으니 어리석기 그지없다.

서울살이 · 1

"사람은 나면 서울로 보내고 말은 나면 제주도로 보내라"는 옛말이 있다. 많은 사람들이 아주 예전부터 교통이 편리해진 지금까지 표 한 장으로 몇 시간에서 몇 십분 만에 서울이라는 달콤한 꿈의 환상을 좇아서 상경한다. 마치 그곳은 정복만 하면 일렬로 늘어서서 퍼 먹을 수 있는 아이스크림 가게처럼 형형색색의 모습으로 우리를 향해서 보이지도 잡을 수도 없는 손짓을 한다.

나 역시 나만의 색들을 찾다가 좀 더 큰 도화지에서 화려한 색들을 찾기 위해 상경하였다. 서울 생활을 하면서 제일 먼저 말투가 다르다는 것을 알게 되어 닫힌 촌놈의 입은 열등감과 수치심으로 더욱더 튼튼하게 자물쇠를 채워버렸다.

몇 년 동안 제2외국어를 배우듯 열심히 서울 억양과 말을 배웠다. 어느덧 시간이 지나자 나만의 서투른 서울 표준어 사투리가 자리를 잡았다. 코미디 프로에서 가끔 볼 수 있는 끝 억양만 올리면 되는 희화화된 말투가 나만의 전용 언어가 되었나. 서울 말두는 준비되있는데 먹고살 일이 막막히였다. 삶은 나를 막다른 골목길로 내몰고 있었다. 당시 스무 살 중반이 훌쩍 넘은 지방 사람이 상경해서 할 수 있는 일은 그렇게 많지 않았다.

나만의 화려한 색을 찾는 다소 황당한 꿈을 이루려다 보니 먼저 꼬르륵거리는 위장이 나 죽는다고 아우성을 쳐댔다. 뭐라도 해야지 원초적인 소박한 내 욕구를 채울 수 있을 것 같았다. 그래서 여기저기 연락을 해서 막내 매형의 친구분 액세서리 공장으로 내 꿈의 색을 채색하러 들어갔다. 모든 것이 서글프고 슬프고 힘들었다. 내가 이러려고, 이런 생활을 하려고 왔나 하는 자괴감으로 매 순간 무너져 내리는 마음을 점점 늘어가는 서울 사투리 구사로 위로하며 필사적으로 붙잡았다.

액세서리 공장은 대구에서 화려하게 꿈꾸었던 서울 생활을 일순간 한낱 배부른 부르주아의 꿈이었음을 실감나게 해주었다. 매캐한 에폭시의 화공 냄새를 향수 삼아야 했고 한 푼이라도 더 벌기 위해 스무 시간 넘게 큐빅 본드를 칠한 덕분에 며칠간 본드 독으로 얼굴 전체가 퉁퉁 붓고 물집이 생긴 모습을 덤으로 얻기도 했다. 일이 서툴다 보니 땀이 나고 가려우면 본드를 만진 손으로 얼굴을 만져 본드 독이 오른 것이다. 돌아눕기도 힘든 면목동의 고시원 한 켠에서 며칠

간 소리 죽여 울며 서울살이의 혹독함을 온몸으로 느꼈다. 사람은 힘들 때 먼저 각자 믿고 있는 절대자 신(하나님)이 생각날 것이고, 그다음은 영원한 사랑인 엄마가 지남철처럼 떠오를 것이다.

엄마 목소리가 간절하게 듣고 싶어 엄마한테 전화를 했다. 전화기 너머에서 들리는 엄마 목소리에 목이 메어 아무 말도 못 하고 몇 분 동안 소리 죽여 흐느꼈다. 엄마의 능력은 어떠한 초능력자들보다 더 대단하다고 하던데 그 순간이 그런 것 같았다. 단박에 엄마는 "뭔 일 있나? 뭐고 괘안나?" 흐느끼던 목소리는 "괘안나?"라는 단 한마디의 고향 사투리에 통곡이 되어 전화기를 타고 엄마에게 전달되었다. 한 10분은 아무 말 없이 엄마도 울고 나도 울었다. 어느새 감정을 추스른 엄마는 "야야~ 그만했으면 됐다. 이제 내려오거라"라고 짧은 답을 주셨다. 짧지만 큰 의미를 담은 묵직한 한마디는 상경으로 큰 병이 든 어린 아들의 마음을 단번에 치유시켜 주었다.

"그만했으면 됐다~ 이제 내려오거라"라는 말씀은 치유와 동시에 내게 또 다른 동기부여를 심어주었다. 옷 보따리 들고 기차 타고 힘들게 올라와 형형색색의 꿈의 보금자리를 겨우 틀었는데 여기서 허물고 내려간다면 나는 평생 내 도화지에 어떠한 색깔의 인생도 그릴 수 없다는 것을 본능적으로 긱인시겨 주셨다. 엄마랑 통화를 마친 뒤 서울에서의 삶을 다시 그리기로 굳게 마음먹고 어색한 사투리로 약값을 지불한 뒤 몇 개의 약봉지를 들고 좁디좁은 면목동 고시원으로 다시 돌아왔다. 그때의 그 결정이 엄마가 내게 주신, 지금의 나를 있게 한 가장 큰 인생 선물이었다.

아카시아 꽃

 어릴 때부터 몸이 약하고 모습도 여느 남자애들과 달랐던 나는 초등학교 때부터 나만의 안식처가 있었다. 화장실 뒤편 바위 몇 개가 놓인 공터의 아카시아나무 밑이었다.
 부푼 꿈을 안고 간 학교생활은 고통과 다름없는 장소였다. 남자답다는 친구들이 계집애 같은 나를 교실에서부터 화장실까지 따라다니며 욕을 하고 때리거나 밀치는 일이 부지기수였다. 그럴 때면 몰래 그 아카시아나무 뒤로 달려가 숨어서 울곤 했다.
 수업이 끝나면 한걸음에 내달려 화장실 큰 일 보는 곳에서 소변을 보았다. 처음에는 다른 아이들처럼 바깥에서 볼일을 보았는데 짓궂은 아이들의 장난으로 도저히 그곳을 이용할 수 없어 나를 그들로부터 지켜줄 수 있는 문이 달린 공간을 택하게 되었다.
 그런데 아이들은 힘으로 화장실 문을 떠밀고 들어와 나를 힘들게 했다. 그럴 때면 학교에서 유일하게 나를 편안하게 품어주었던 아카시아 동산을 찾았다. 원망도 하고 기도도 해보았지만 그때는 친구들을 용서하기 싫었다. 그들은 장난으로 했을 행위들이 나에게는 너무 큰 짱돌이 되어 마음에 커다란 상처를 남겼기 때문이다.

그날도 여느 날처럼 이런저런 놀림으로 만신창이가 되어 아카시아 동산을 찾았는데 어디선가 향기로운 꽃 내음이 아픈 내 마음으로 흘러들어 왔다. 앞을 봐도 옆을 봐도 키 큰 아카시아나무뿐인데 어디에 아픈 내 마음을 보듬어주는 향기가 있는 것일까 두리번두리번 찾아보다가 고개를 하늘로 드는 순간, 하얗게 포도송이처럼 주렁주렁 달린 아카시아 꽃들이 마음속으로 후드득 쏟아져 내렸다.

"괜찮아 괜찮아. 너는 저들과 달리 예뻐서 그런 거란다. 그래서 친구들이 예쁜 너를 질투해서 그런 거란다."

그다음부터는 힘든 순간이 있을 때마다 모아두었다 그 나무들을 찾아가 이야기를 하고 꼭 껴안았다. 나무친구는 엄마처럼 "괜찮아. 이것 또한 지나가는 거란다"라며 어리고 여린 나를 지켜주었다. 아카시아 꽃이 피는 지금도 그때 나를 보듬어준 엄마 품 같았던 아카시아나무 친구들이 그립다.

허공을 향해

　누워서 이쪽저쪽 감고 뜬 두 눈으로 하늘이 뚫려 있다면 막혀 있을 수 있고 막혀 있다면 뚫려 있을 수도 있는 초점이 없는 바라봄으로 우러러본다. 얼마나 많은 이들이 살아간다는 보장성에 위로를 느꼈으며 그 한계점에서 갈팡질팡하며 다다랐을지 모르는 극한의 공포 속에서 다시금 살아야 한다는 절박함 속에 삶은 또 얼마나 고귀하고 아름답다고 생각했을까?
　내 삶의 고리와 실타래는 내가 행동하며 만들어가고 있지만 그것을 풀 수 있는 사람도 나이다. 항상 남을 원망하고 습관적으로 회피하는 스스로의 모습에서 모든 것을 담아내는 저 허공은 인간들이 접하지 못하는 절대자 하나님의 모습이어라. 비 쏟아지는 깜깜하고 천둥 치는 밤하늘을 갈 곳 없어 허공으로 날아가는 한 마리 새를 피할 수 있는 품안으로 받아주듯이 비교할 순 없지만 이 시끄러운 세상 속에 한 줄기 떨어지는 빗방울 소리라도 온전히 내 것으로 들어보고 싶어라. 이떠한 몸의 떨림도 없이 있는 그대로의 느낌으로 여전히 쏟아지는 빗줄기에 생각이 젖어들 때쯤 유형무형의 모든 모습도 중요하지 않다는 허공의 큰 울림에 모든 생명이 목마름을 해결하고 따스함으로 생명을 잉태하는 거대함은 살아계신 그분만의 능력이어라.

　나 살다가 돌아갈 곳도, 살아서 잘잘못의 양심의 가책도, 하루하루 사람들과의 얽힘과 사랑도 한여름 날 땡볕 아래 그릇 속의 증발되는 물 수증기처럼 모두 다 저 알 수 없는 곳으로 사라지고 말 것을… 무엇이 그리 그립고 소중하다고 움켜쥐고 살아가고 있을까. 결국은 다 저 허공 속으로 빨려들고 말 것들을… 그러하기에 오늘 하루도 더 열심히 사랑하며 서로 아끼면서 살아가야 한다.

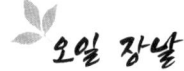
오일 장날

 마트도 없고 생활용품을 팔러 다니는 용달차도 없었다. 차 자체가 귀하디귀한 재산이었으므로 비포장도로인 산골에서의 장날은 일주일에 한 번 오는 시골 사람들의 잔치와도 같았다.
 장이 서는 전 날은 다음 날 현금과 바꿔야 할 농사지은 농산물을 다듬기 바빴다. 봄철을 지나서는 마늘이 가장 많았으며 한여름 철에는 붉은 고추가 가난하지만 행복한 시골 사람들의 신용카드와 현찰이 되어주었다.
 마늘은 지저분하게 붙어 있는 껍데기를 깨끗하게 뜯어 시집가는 새색시가 쓴 족두리 머리처럼 둥그렇고 예쁘게 장식해 주고, 알이 영글 대로 영근 마른 고추는 새색시 붉은 연지곤지처럼 물걸레 마른걸레로 번갈아 찍고 닦아 맵시를 내주었다.
 어슴푸레하게 첫닭이 울면 부모님은 쏟아지는 잠을 장보따리 마늘과 고추 사이에 차곡차곡 넣어두고 이른 아침을 준비하셨다. 그 시절 시골집 전용차인 경운기의 시동이 요란해지면 장에 가려는 옆집 아주머니들의 합석 문의로 또 한 번 동네가 시끌벅적해진다. 각자 집에서 보따리 보따리 준비한 농산물을 경운기 짐칸에 앉은 사람들 옆에 이리저리 끼워 넣으면 이건 사람들이 장에 가는지 보따리를 사람들이 따라가는지 모를 정도로 콩나물시루가 된다.

덜컹거리는 비포장도로를 달리며 울퉁불퉁 모난 돌에 엉덩이를 들썩이지만 곧 들어올 현금 생각에 얼굴에는 미소가 떠나지 않았다. 마늘 팔아서 막내 운동화 사고 고추 팔아서 땀에 얼룩지고 너덜너덜해진 남편 러닝 하나 사고 엄마들의 머릿속에선 마늘 고추를 판 현금들이 춤을 추고 날라 다녔다.

어느덧 장터에 도착하면 목 좋은 자리 선점이 최우선이었다. 사람들 왕래가 많은 곳이 최고였다. 그렇기에 그런 자리를 차지하기 위해 서로서로 경쟁이라도 하듯 새벽밥을 먹고 경운기에 몸을 맡기고 온 것이다. 자리를 잡으면 닦고 쓸고 맵시 낸 농산품들을 이리 쌓고 저리 놓고 잘 팔리도록 고시래 주문을 외며 마수걸이에 나선다. 싸게 사려는 상인들과 한 푼이라도 비싸게 팔려는 우리네 부모님들 간의 묘한 신경전이 시작된다. 물건을 들었다 놨다, 갔다 왔다, 흠잡을 곳 없는 작물에 괜한 트집도 잡아 보고, 욕설도 오가고 시끌시끌 흥정이 오간다.

상인들과 어느 정도 그 날의 시세를 맞춰서 서로서로 합의점을 찾고는 마치 거저 주고 비싸게 받는다는 식으로 말 한 마디 남기고 웃으며 계산을 치른다. 엄마가 손에 들어온 돈으로 필요한 물건을 구입하러 다니면 엄마를 잃을 새라 옷자락을 꽉 붙잡고 다닌다. 운동화, 플라스틱 물바가지, 슬리퍼, 고등어, 러닝… 서로 싸게 준다는 상인들의 너스레를 뒤로하고 텅 빈 마늘 보따리엔 또 다른 새로운 물건들로 가득 채워 놓고 허기진 배를 채우러 일 년에 한두 번 먹을까 말까 한 짜장면 집으로 엄마를 졸라 들어선다. 누렇고 투박한 보리 찻잔 속의 보리차가 어쩜 그리 달고 구수하던지 아직까지 그때 그 보리차 맛을 잊을 수 없다.

드디어 흰 멜라민 그릇에 담긴 검은 짜장면이 나온다. 입으로 맛보기 전에 눈으로 먼저 먹는다는 요즘 표현처럼 이미 눈을 통해 맛은 반을 채웠고 입을 통해 기계적인 본능 욕구로 배를 채웠다. 요즘도 재래시장을 가곤 한다. 하지만 옛날 그 모습과 보리차와 짜장면은 사라진 지 오래다. 그 옛날의 소년이 지금은 중년의 아저씨가 되었기 때문이다.

쌀 씻는 소리

선선한 가을 날씨가 한두 차례 비라도 지나갈 즈음이면 깊은 골짜기 농촌 마을은 겨우살이 준비로 지나다니는 한가한 누렁이 손이라도 빌려야 할 판이다. 짧아진 낮 시간을 바쁘게 휘젓고 다니다 보면 이른 저녁 엄마는 녹초가 되어 경쾌한 콧노래로 단잠을 주무신다. 해가 짧아질수록 우리들의 저녁 시간은 길어져 갔고 이불 속에서 펼쳐지는 꿈나라 여행 시간도 당연히 깊어만 갔다.

새벽녘쯤 나지막한 소리가 들렸다. 창고로 쓰고 있는 자그마한 방 한 켠에 있는 큰 쌀독 안을 언제부터 있었는지 모르는 납 그릇으로 쌀을 푸는 엄마의 조심스럽고 가쁜한 움직임 소리, 사각사각 스르륵 잠결에 그 소리를 들으며 아침상을 상상하곤 했다. 이윽고 부엌에 들어가신 엄마의 정성스런 쌀 씻는 소리, 싹싹 쓱쓱 복복복 또 한 번의 소리로 두 번째 아침 밥상을 상상한다. 따뜻한 밥 한 그릇과 무나물국, 김장김치 그리고 운이 좋으면 소죽 끓인 아궁이 숯불에

구운 고등어 한 마리… 한두 시간 뒤 맛볼 음식 상상에 침이 고여서 입맛을 쩝쩝 다시곤 했다.

알람시계도 없던 시절 새벽 5시면 어김없이 일어나신 엄마, 따뜻한 이부자리를 뒤로한다는 건 금은보석 마다하는 것보다 더 힘들다는 걸 엄마의 나이가 된 지금에서야 새삼 더 피부로 느끼게 되었다. 옛날 엄마들은 세련되고 다정한 요즘 엄마들과 달리 투박하지만 맹목적인 당신들만의 방식으로 자식들을 보듬어주신 것 같다. 자식 사랑하는 것에 있어서는 타의 추종을 불허한다고 할 수 있다.

싹싹 쓱쓱 복복복 쌀을 씻는 이 아침, 아궁이 앞에 서 계셨던 엄마와 지금 싱크대 앞에 서 있는 내가 오버랩되는 순간이다. 엄마의 밥맛은?

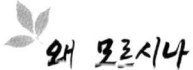 **왜 모르시나**

내가 당신을 생각하는 걸
왜 모르시나
맘이 동하여
오는 내 맘을 왜 모르시나

알아 달라 말하는
내 맘이 부끄러워 왜 왜 모르시나
부끄러운 내 맘을
나 가고 나면 후회하시려나
그때 비 오는 가을밤
내 눈물
왜? 모르시나

이제야 아시려나
그래도 모르시려나

속 타고 애타는
나를 너는 왜 모르시나?

듣는 것 보는 것이 공해

아침에 눈을 뜨면 제일 먼저 휴대폰을 찾아 밝은 화면의 시계를 만난다. 뿌연 미명의 빛을 감각으로 느끼고 천천히 육감의 시계를 깨우며 일어나던 예전에는 눈에 보이고 귀에 들리는 모든 것이 얼마나 아름답고 행복한지 황홀하기까지 했다. 하지만 요즘은 지나치게 아름답고 눈부셔서 나의 두 눈과 귀를 시리게 하는 한계점을 치고 올라가고 있다.

화려하진 않지만 지그시 바라보고 있으면 마음속에서부터 밀려 올라오는 잔잔한 감동과 감응. 더 관심을 갖기 위해 눈과 귀를 쫑긋 세웠던 그때의 모습들. 듣고 있어도 보고 있어도 결코 아파서 시리거나 고통스럽지 않았던 느리지만 소박했던 그때의 모습들. 번쩍임으로 피어나야 하는 꽃으로 바쁘고 더 빠르게 지극히 화려함을 넘어서는 눈부심을 따라서 생활해 가는 지금의 우리들.

두 눈을 감고 있으면 내 의지와 상관없이 사람들의 볼멘소리와 육두문자가 허공을 떠돈다. 무엇이 우리의 삶을 힘들고 지치게 하는 수렁으로 몰아가고 있는 것일까. 예쁘고 좋은 것들만 보여줘야 살아남는 세상. 나에게 맞지 않는 억지스러운 옷을 입고 부자연스러운 생활을 하느라 빚어진 스트레스. 그것에 따르는 인지부조화 상태. 과연 이런 모습들에 세상 탓만 할 일일까. 부스스 일어나는 아침, 멋져 보이게 살고 싶은 지극히 개인적인 이기주의 결과물은 아닐지….

오늘 하루 나 역시 다른 이들의 공해가 되지 않도록 다시 한 번 되짚어본다.

인생

내 인생의 큰길로 가야 하는데
들어와 보니 굽이굽이 진 골목길이네
큰길은 보이는구만 내 코가 석자인 인생
남 인생 훈계하다 나도 몰래 좁아진 골목
알 수도 없는 미로 속으로 빠져 들어와 버리고
헤쳐 제쳐 빠져나와 다신 안 든다
다짐했지만 노래 불렀지만

또 큰길은 보이는구만
숫자판 세상에 두 눈이 뒤집어져
내 인생 좁디좁아진 막다른 골목으로
들어와 버리고 말았네
마지막 큰길은 보이는구만
골목길 뚫고 오느라 온 힘을 다
썼더니 보이는 큰길이 야속만 하고
되레 지금 서 있는 골목길이 편해지고
이제야 내 자신이 밉구나

제4부

서울살이

슬픈 무릉도원

　사람에 대한 욕심으로 허기진 배를 채우려 또다시 누군가를 알아간다는 것은 또 다른 한 세상을 짊어지는 것이다. 다른 사람을 알아감의 무게가 공기처럼 가볍다면 모든 사람 줄 세워 어깨동무도 하겠다만 내가 매달고 있는 저울추도 아슬아슬한데 왜 남이 짊어진 무거운 삶까지 (험담, 모함, 질투, 시기, 구설, 눈물, 사기, 아픔) 다 떠안고 가려 하는가.
　나이 들면 힘도 빠지고 정신 줄도 흐려져 겨우 잡고 받치고, 있는 것도 버리는 판인데 남의 짐은 되도록 어깨동무하지 말고 다가와주지 않음에 감사하며 살아가세.

잠그는 세상

내가 살던 조그마한 시골 마을은 언제나 사람들 소리로 북적였다. 첫닭이 울기 전 새벽녘부터 소죽 끓이는 냄새, 부엌 굴뚝에 피어오르던 아침밥 짓는 연기, 마당 쓰는 싸리비 소리… 하루의 시작은 대문이든 부엌이든 모든 열 수 있는 것들을 활짝활짝 열어젖히는 것이었다. 그때는 대문이 없는 집도 여러 채 있었다.

뿌연 안개가 걷힐 때쯤, 온 동네는 온갖 것이 뒤섞인 삶의 냄새들로 꽃봉오리 터지듯 생존이라는 향수를 쏘아 올렸다. 저마다의 아침 시간을 뒤로하고 삶의 터전인 논과 밭으로 뿔뿔이 흩어져 풀을 뽑고 씨앗을 뿌리고 채소를 다듬고 과일을 수확하며 바쁜 시간들을 보냈다.

어느덧 땀으로 빠져나간 아침밥이 소화되어 배꼽시계가 새참 달라는 신호를 보내면 집에서 준비해 온 삶은 감자나 고구마, 막걸리, 술빵 등으로 간단히 허기를 때웠다. 우리가 먹기도 부족한 그 귀한 음식을 행여 누구라도 저 멀리 지나가면 엄마는 큰 목소리로 "누구 엄마, 아부지 오이소" 하며 부르셨다. 불러도 그냥 스친다 싶으면 부르러 가는 시늉까지 내며 총총걸음으로 움직이셨다. 그분들도 뻔한 시골 살림 네 집 내 집 형편을 다 아는지라 처음 한 번은 못 들은 척 두 번은 들었으나 바쁜 척 빼시다 엄마가 일어나는 모습을 보면 못 이기는 척 우리 쪽으로 오셔서 막걸리든 술빵 한 조각이든 입으로 가져가며 겸연쩍어하셨다.

지금 관점에서 보면 삶이 팍팍하고 힘겨워 보일지 모르지만 정이 오가고 사람 사는 냄새가 나는 풍요로운 시절이었다.

요즘은 많은 사람들이 아파트 생활을 한다. 앞집 옆집 윗집 아랫집에 누가 살고 있는지 전혀 알지 못한다. 만약 알고 싶어 관심을 표현하면 인사 정도에서 멈춘다.

아파트 엘리베이터에서 몇 번 마주친 이웃에게 먼저 인사를 건넸더니 "너무 친한 척 관심을 보인다, 부담스럽다, 바보 같다"는 말을 들은 적이 있다. 그래서 그다음부터는 엘리베이터 안에서 만나도 인사를 하지 않았다. 닫힌 공간에서 안면이 있는 이웃에게 인사 몇 번 했다고 그런 말을 들으니 정나미가 떨어져 마음의 문을 닫아버렸다.

어린 시절 시골 동네는 누구네 집에 숟가락 젓가락이 몇 개인지 사돈의 팔촌 혼사까지 관여하던, 지금 보면 오지랖이 넓던 시대였다. 그땐 사람에게 관심이 있었고 정이 있었고 연민이 있었다.

이기주의 개인주의 귀차니즘이 만연한 세상, 휴대폰 잠그고 현관문 잠그고 차문 잠그고 서랍 문 잠그고 제일 중요한 각자의 마음 문을 잠그고 산다. 그렇게 많은 것을 잠그다 보니 잠근 비밀번호를 잊어버려 자괴감에 빠진 적이 한두 번이 아니다. 숫자의 노예가 되어 살아가고 있는 것이다.

많이 힘들고 어려웠던 시절, 우리네 부모님들의 부모님 그리고 그 부모님 세대들의 낮은 담장 하나 넘어서 오고 갔던 김치 한 보시기 부침개 한 접시에 상대방을 향한 따뜻한 마음을 담은 그분들이 존경스럽고 마냥 그립다.

꽃

겨우내 땅속에서
저 수많은
꽃들은
얼마나
아파했을까?

소쩍새의 노래

해 뜨고 달 지는 초가 밑에서
외등불 아스라이 꺼져갈 적에
눈물로 엮은 실 돌리옵니다.
끼이익 물레를 돌리옵니다.

눈물로 피운 꽃 세월 속에서
성황당 켠 촛불 꺼져갈 적에
시집와서 엮은 한 달래옵니다.
흐느낌 하나로 달래옵니다.

밤 깊은 모선암의 풍경 소리에
그리운 내 님의 모습만 어려
날카로운 은장도 가슴을 찔러
소쩍쩍 소쩍쩍 소쩍새 됐네.

서울살이 · 2

 1년이 지난 후 학원을 졸업하고 자격증도 취득하여 어느덧 취업이라는 내 생애 꿈꿨던 길에 바통을 들고 출발선에 서 있었다. 너무나 설레는 마음으로 땅하고 화약총이 발사되면 정신없이 뛰어나갈 자세를 잡고선 말이다. 하지만 그 발사총은 계속 픽픽 오발탄만 되는 게 아닌가? 남자라는 이유로 취업이 안 된다는 것이었다. 지금과 달리 25년 전에는 우리나라에 메이크업이나 코디를 하는 남자는 거의 찾아보기 힘들었다. 선생님은 안타까워하시며 좀 더 기다려보자고 하셨다. 안 기다리면 어떡할 것인가. 나는 선택권도 없는 약자인데… 같은 기수의 여학생들은 방송국이네 연예인 누구네 하며 취업에 들떠 행복해했다. 그 모습을 보며 내가 남자라는 사실이 원망스러웠다.
 6개월쯤 기다려보다가 안 되면 대구로 내려갈 생각이었다. 낯선 타지에서의 먹먹함과 공장 생활의 고단함은 모두 묻어둔다 치더라도, 생존이 달린 밥벌이 생활을 못 한다면 지금까지의 일들은 말짱 도루묵이 된다고 생각했다. '대구 내려가야지 대구 내려가야지'를 놀림노래 삼아, 이번에도 정말 취업이 안 되면 대구 내려간다며 몇 군데 면접을 봤지만 메이크업 코디는 힘들다는 말과 함께 일할 기회를 주지 않았다.

메이크업을 잘하는 것은 아니지만 보통은 되었으니 자격증도 딴 게 아니겠는가? 눈썹 그리는 연습만 하더라도 내 눈썹에 하도 연습을 많이 해 피가 날 정도였는데, 그렇게 꿈을 키웠는데 하나님은 열심히 착하게 살면 소원을 꼭 들어주신다고 하시 않으셨나….

드디어, 드디어 분장 의상을 오래하신 신실한 누나로부터 대학로로 면접을 보러 오라는 연락을 받았다. 자기는 남자든 여자든 상관없다는 것이었다. 몇 가지 테스트를 하고 바로 같이 일을 하자고 하셨다.

내 인생과 꿈에 쨍하고 해 뜬 날이었다. 구름 위를 걷는다는 게 어떤 기분인지, 안 먹어도 배부른 것이 어떤 것인지 알 것 같았다. 간사한 게 사람 마음이라고 취업이 되어서 들뜨고 부푼 마음은 월급이 없다는 말에 온 데 간 데 없이 사라졌다. 그러나 힘들더라도 일을 할 수 있다는 간절한 마음이 더 컸기 때문에 모든 상황을 순순히 받아들였다. 외부에서 누군가를 만나며 생활하는 것이 얼마나 소중한 것인지 잘 알기 때문에 오케이하며 일을 시작했다.

2년 정도 무보수로 일을 했다. 밤잠 안 자고 미친 듯이 열심히 했다. 대학로 극장에서 TV프로그램, 연예인 개인 코디까지 주는 대로 하나씩 두 개씩 일을 늘렸다. 드디어 내 이름으로 팀을 만들어 개인 일을 하기까지 악착같이 했다. 밥 먹는 시간이 아까워서 오뎅이나 단팥빵 하나 떡볶이 등으로 대충 때우고, 서울 전역을 돌아다니며 협찬 메이크업을 닥치는 대로 했다.

그러나 아무리 노력을 해도 이 분야에 워낙 난다 긴다 하는 사람들이 많아 그들을 따라잡기엔 학원만 패스한 내 스펙은 언제나 역부족이었다. 그렇게 유학파에게 밀려나는 상황에서 잡지 쪽에서 일하는 누나 한 분에게 제의가 들어왔다. 당시 20대들이 많이 보는 잡지를 여러 개 하는 분이었다. '그래 방송이 안 되면 잡지 쪽에서 돌파구를 찾아보자'는 결심을 하였다. 여기저기 의류회사 협찬을 받고 반납을 하고 모자, 가방, 구두, 액세서리를 챙기는 동안 누나의 큰 차는 금방 많은 소품들로 가득 채워졌다. 차가 없으면 할 수 없는 일이었다. 하고 싶은 마음은 절실했지만 형편상 당장 잡지 일을 할 수가 없었다.

'그래 잡지 쪽은 포기하고 하던 일이나 계속하자. 언젠가 내 이름 석 자를 알릴 때가 오겠지.'

TV프로그램 일은 팀으로 하기 때문에 스크루(자막)에는 메인 분들의 이름만 올라가고 내 이름은 묻힌다. 가족들에게 특히 엄마에겐 내가 서울 올라와서 갖은 고생하면서 돈은 못 벌지만 어떤 일을 하는지, 내 이름 석 자로 반듯하게 보여드리고 존재감을 인정받고 싶었다. 친척이나 형제들 중에는 나를 대구에서 별 볼일 없던 존재로 기억하고 있는 분들이 여럿 있던 터라 그들에게는 더더욱 인정받고 싶었다. 간절함이 절실하면 이루어진다고 하였던가.

"여보세요, 안녕하세요, 저 ○○ 기자입니다. 엄태양 씨죠? 지인 분을 통해서 소개 받고 전화 드렸는데요. 잡지 촬영 건 때문입니다."

그 순간 잘못 들은 건 아닌지 멍할 수밖에 없었다. 이런저런 콘셉트로 등등등, 어떠한 말도 필요 없었다.

"네네 무조건 하겠습니다."

TV프로그램에서는 내 이름이 휙 지나가거나 아예 자막에 오르지도 않았는데 드디어 내 이름 석 자가 새겨진 잡지를 부모님과 형제, 친척분들에게 보일 수 있다는 것이 너무너무 기쁘고 흥분되었다. 여기저기서 협찬을 받고 팀원들과 촬영이 약속된 스튜디오로 향했다.

지금은 톱스타가 된 유명한 여배우분이 기다리고 계셨다. 최선을 다해 메이크업 헤어를 해드리고 나니 기자분이 다음에도 같이 일하자는 최고의 찬사를 날려주었다. 그다음 날부터 일이 손에 잡히지 않았다. 휙 지나가 보기 어려운 TV 자막과 달리 종이에 인쇄된 빼도 박도 못 하는 내 이름 석 자가 생기는 게 아닌가. 그 설렘으로 2주일이 어떻게 흘러갔는지 모를 정도였다.

드디어 잉크 냄새 가득한, 빳빳하고 칼칼한 잡지 3권을 받았다. 그다음 날 모든 일을 팀원들에게 부탁하고 대구로 향했다. 서울 간 막내아들이 장원급제라도 한 양 잉크 향기 가득한 잡지를 어사또 마패 내놓듯 내 이름 석 자를 보여드렸다. 무뚝뚝하신 경상도 아버진 한 번 곁눈질하시며 이름을 보시고 정이 넘치는 엄마는 장하다 고생했다, 감동하시며 동네방네 자랑을 하러 다니셨다.

나의 서울살이는 나란 존재를 각인시키기 위해 너무 많은 삶의 무게를 견뎌야 했으며 울며 슬퍼하며 즐거워하며 지금까지 살아오고 있다. 지금 생각해 보면 그저 피식 헛웃음이 나는 젊은 날 열정으로 생기는 또 다른 삶이었던 것 같다.

전화번호

문득 전화기를 들여다본다.
죽 늘어선 연락처
올리고 내리고 봐도
연락하고픈 사람들은 많은데
한참을 돌리고 나면 누를 사람이 없어진다.
한때는 술 마시고 울고불고
인생과 아픔을 노래 부르며
함께 춤췄건만
각자 세월의 큐브 속에서
삐걱거림의 다른 맞춤으로 돌려진 지금
흔한 버튼 하나 누르는 게 이렇게 힘이 드네.
같은 색깔 속 서로 다른 사연 있음을 알기에
그 마음 이해가 많아지니
되레 부담으로 쌓여가는구나
오늘도 버튼 하나 누르지 못하는 날
먼저 불러주지 않은 그들을 생각한다.